Cake pops
para niños

Qué son los cake pops

La última moda en repostería creativa son los cake pops, deliciosos pastelitos pinchados en un palo. Estas piruletas de bizcocho bañadas en chocolate de colores son muy fáciles de hacer en casa, incluso para los más pequeños. ¡Y los mayores disfrutarán demostrando sus artes creativas!

¿Sabías que los cake pops nacieron para aprovechar las sobras de bizcocho en las pastelerías? Mezclaban los restos del pastel con un poco de mantequilla y azúcar glas, y les daban forma de bola con las manos. Después, las bañaban en chocolate de colores y las decoraban de mil formas. Ahora puedes hacer en casa estos divertidos y dulces muñecos. Con el molde de silicona es muy fácil: viertes la masa, la tapas y la cueces en el horno. Bolitas listas para pinchar en un palo y decorar siguiendo nuestras recetas o dejando volar tu imaginación.

Qué necesitas

Además de la masa (pág. 6) necesitas
algunas cosas para preparar tus cake pops.
Con este libro tienes el molde de silicona,
la manga pastelera y los palitos.

Pastillas de chocolate

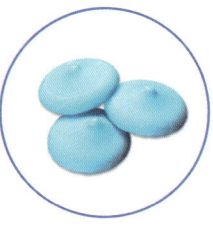

Cobertura del color que te guste.

Molde de cake pops

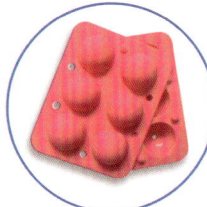

Para hornear las bolas de masa.

Manga pastelera

Para rellenar el molde y decorar.

Palitos o pajitas

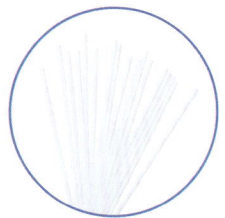

Para sujetar tus cake pops.

Fondant de colores

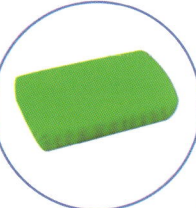

Para dar forma a los detalles.

La receta de la masa

Qué necesitas:

3 huevos (a temperatura ambiente)

200 gramos de azúcar

200 gramos de harina

100 ml de aceite de oliva

1 yogur de limón

1 sobre de levadura en polvo

Una pizca de sal

Cómo se hace

Bate los tres huevos (es importante que los hayas sacado antes de la nevera) en un cuenco grande con el azúcar hasta que esté bien mezclado. Añade entonces el aceite de oliva, el yogur de limón, la levadura en polvo y un pellizquito de sal. Vuelve a batir bien hasta que quede una mezcla sin grumos. Después, añade la harina, removiendo sin parar. Debe quedarte una masa líquida, pero algo espesa.

Abre la manga pastelera por el extremo más ancho y vierte dentro la masa, con cuidado para que no se caiga. Rellena ahora los huecos del molde de los cake pops con la manga, llenando justo hasta el borde.

Tapa el molde con su parte superior (la de los agujeritos) y colócalo en el horno, unos 15 minutos a 180 grados. Deja enfriar media hora y desmolda las bolas de tus cake pops.

Cómo hacer cake pops con el molde

1. Rellenar

Empieza preparando la masa, siguiendo la receta de la pág. 6. Ponla en la manga pastelera y rellena el molde de silicona. ¡Fíjate bien!: la masa va en la base sin agujeritos.

La parte que tiene agujeritos es la que debes poner encima para hornear tus cake pops.

2. Hornear

Hornea unos quince minutos a 180 grados. ¡Recuerda precalentar el horno para que esté a esa temperatura cuando metas tus cake pops!

3. Dejar enfriar

Cuando haya pasado el tiempo, saca con cuidado el molde del horno y deja

enfriar unos minutos antes de retirar la tapa.

4. Desmoldar

Cuando ya estén fríos, retira con cuidado la tapa superior del molde. Derrite unas cuantas pastillas de cobertura de chocolate y moja el extremo de cada palito, clavándolo enseguida en una bola de masa. Mete los cake pops en el congelador al menos una hora. ¡Es el truco para que te queden impecables!

5. Cubrir

Sumerge los cake pops recién sacados del congelador en la cobertura de chocolate derretida, retirando el exceso con cuidado. No des nunca golpes en el palito, porque la bola podría caerse. Sujeta el palo del cake pop con una mano y date unos pequeños toques con la otra para sacudir el exceso. Utiliza la tapa del molde que lleva los agujeritos para pinchar allí los cake pops mientras se secan.

6. Decorar

Puedes utilizar la masa fondant de colores para moldear la forma que quieras y decorar tus cake pops a tu gusto.
¡El fondant se trabaja como la plastilina! O usa cualquiera de los muchos materiales de azúcar que encontrarás en tiendas de repostería y supermercados.

Materiales para decorar

Sprinkles

Son decoraciones de azúcar para tus cake pops, en todos los colores y formas. Con ellos puedes decorar los cake pops bañados en cobertura para darles aún más color. O usarlos para crear orejas y ojos.

Nonpareils (o perlitas de colores)

Bajo este nombre francés se esconden las típicas perlitas azucaradas de colores. Son perfectos para espolvorear sobre tus cake pops y sorprender con su textura crujiente.

Fideos de chocolate o bastones de regaliz

Los tradicionales fideos de chocolate o bastones de regaliz azucarado se venden en muchos colores distintos. Resultan perfectos para pinchar en los cake pops simulando brazos o piernas.

Chuches

Grageas de chocolate bañadas en azúcar, caramelitos triangulares, nubes... las chuches son perfectas para dar forma a orejas, alas y hocicos en tus cake pops. Pega las chuches a la masa con un poco de cobertura de chocolate fundido, congela y báñalos en las pastillas de color.

Receta rápida de cake pops

Si no tienes tiempo o quieres hacerlo más fácil, puedes saltarte algunos pasos y preparar tus cake pops con un bizcocho ya hecho (aunque mejor si está algo seco). ¡Los tendrás listos enseguida y sin encender el horno!

1. Parte el bizcocho en trozos (mejor que esté seco).

2. Desmenúzalo bien con las manos.

3. Añade buttercream (mantequilla y azúcar glas a partes iguales).

4. Rellena la cucharilla con un poco de masa.

5. Forma una bola
con las manos.

6. Derrite varias pastillas de
chocolate de color.

7. Moja el palo y pincha
la bola. Congela una hora.

8. Saca del congelador y baña
en la cobertura de chocolate.

9. Escurre bien con pequeños
toques sobre la mano, no en el palo.

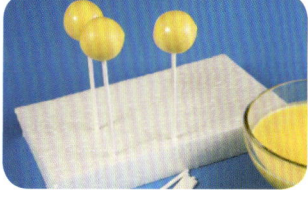

10. Deja secar en el soporte
al menos durante 15 minutos.

Pinchados en azúcar

Con gominolas

Cómo presentarlos

Además de las recetas para decorar cake pops que tienes en este libro, puedes dejar volar tu imaginación para sorprender a tus amigos con presentaciones originales y divertidas. ¡Toma nota de estas grandes ideas para alegrar tus fiestas!

Para servir

Lo ideal es presentar tus cake pops clavados, para que cada uno se sirva a su gusto y puedas presumir de tus dotes en la cocina. Puedes hacerlo en cubos rellenos de azúcar, gominolas, legumbres secas, arroz... ¡cualquier cosa en la que puedas pincharlos!

Para regalar

Si quieres regalar tus deliciosos cake pops, prepara una buena presentación. Puedes unir varios con un lazo, envolverlos con papel de celofán o colocarlos boca abajo sobre cápsulas de papel, como si fueran trufas o minicupcakes.

Con un lazo

Con cápsulas de papel

Recetas

Prepara las bolas de masa y cuécelas en el horno siguiendo las instrucciones de las páginas anteriores antes de decorar tus cake pops.

Smileys

Necesitas:

Pastillas de chocolate de color amarillo,
cobertura de chocolate negro fundido
o rotulador negro comestible.

Cómo hacerlo:

Derrite unas pocas pastillas de chocolate amarillo en el microondas. Moja los palitos y clava en ellos las bolas de masa. Deja congelar una hora.

Derrite el resto de las pastillas amarillas en un cuenco de cristal unos 10 segundos en el microondas. Sácalas, remueve bien y ponlas de nuevo unos 10 segundos más. Sumerge totalmente los cake pops en el chocolate amarillo. Escurre bien y ponlos a secar en el molde con agujeritos.

Una vez seca la cobertura amarilla, pinta con chocolate negro fundido los ojos y la boca. Hazlo con un «biberón» de pastelería o con un pincel para dibujarlo mejor. O más fácil aún: utiliza un rotulador negro comestible.

Cerditos sonrientes

Necesitas:

Pastillas de chocolate de color rosa,
grageas de chocolate, chuches triangulares,
nonpareils rojos y rotulador comestible negro.

Cómo hacerlo:

Derrite unas cuantas pastillas de chocolate. Moja los palitos y clava las bolas de masa. Deja congelar una hora.

Derrite otras cuantas pastillas de chocolate rosa. Pega con este chocolate las chuches triangulares (si no encuentras, puedes recortar cualquier golosina) a ambos lados de la cabeza, como si fueran las orejas. Haz lo mismo con la gragea de chocolate en el centro de la cara. Mete de nuevo en el congelador media hora más.

Derrite el resto de las pastillas rosas en el microondas. Baña los cake pops congelados y deja secar en el soporte. Pega en el hocico los *nonpareils* rojos. Cuando los cake pops estén secos, pinta con rotulador negro los ojos y la boca.

Champions League

Necesitas:

Pastillas de cobertura de chocolate de color blanco, masa fondant negra y un trozo de cartulina.

Cómo hacerlo:

Derrite unas cuantas pastillas de chocolate en el microondas. Moja los palitos y clava las bolas de masa. Mete a congelar una hora.

Dibuja en una cartulina un pentágono y recórtalo. Ten en cuenta que debe ser muy pequeño. Alisa la masa fondant con un rodillo hasta que quede muy fina y recorta con un cuchillo de plástico varios pentágonos utilizando la cartulina como patrón.

Derrite más pastillas blancas en el microondas, baña los cake pops, deja secar un poco y pega los pentágonos de fondant. Antes de que se seque, marca con el cuchillo de plástico imitando las costuras del balón de cuero.

Osos amorosos

Necesitas:

Pastillas de cobertura de chocolate con leche, masa fondant beis, sprinkles blancos redondos y en forma de corazón, grageas de chocolate negro y rotulador negro comestible.

Cómo hacerlo:

Derrite unas pocas pastillas de chocolate en el microondas. Moja los palitos y clava las bolas de masa. Mete a congelar una hora.

Derrite el resto de las pastillas. Baña los cake pops en esta cobertura y pínchalos en el soporte. Clava las grageas de chocolate negro como si fueran las orejas.

Coge un poco de fondant beis y haz bolitas con las manos. Aplástalas con los dedos, pega el corazón y píntalo de negro con el rotulador. Pinta también la boca. Ponlo todo en el cake pop aún sin secar como si fuera el hocico del oso. Para los ojos, usa los *sprinkles* redondos blancos y pinta las pupilas con el rotulador comestible negro.

La abeja Maya

Necesitas:

Pastillas de cobertura de chocolate amarillo, masa fondant negra y blanca.

Cómo hacerlo:

Derrite en el microondas unas cuantas pastillas de chocolate. Moja los palitos y clava las bolas de masa. Mete en el congelador una hora.

Derrite el resto de las pastillas amarillas y sumerge totalmente los cake pops en el chocolate amarillo. Deja que caiga en el cuenco el exceso de chocolate y ponlo a secar en la parte del molde con agujeritos. Amasa el fondant blanco en forma de alas y pégalas sobre la cobertura amarilla aún sin secar.

Alisa el fondant negro con un rodillo y córtalo en forma de fideos largos para hacer las rayas del cuerpo; también con el fondant, prepara los ojos, la boca y las antenas.

Pollitos pío-pío

Necesitas:

Pastillas de cobertura de chocolate amarillo, masa fondant naranja y amarilla, y nonpareils o perlitas negras.

Cómo hacerlo:

Derrite unas cuantas pastillas de chocolate. Baña el extremo de los palitos y clava las bolas de masa. Deja congelar una hora.

Derrite el resto de las pastillas amarillas y sumerge los cake pops en el chocolate. Ponlos a secar en el molde con agujeritos. Amasa el fondant naranja en pequeñas bolitas, ayudándote con un palillo para marcar la forma de las patitas. Utiliza dos trozos más para formar la boca. Coge un poco de fondant amarillo y crea las alas. Pega los trozos de fondant en el cake pop con un poco de agua.

Coloca los ojos con *nonpareils* negros o píntalos con un rotulador comestible.

El gato sin botas

Necesitas:

Pastillas de cobertura de chocolate beis y marrón, masa fondant blanca, roja y negra, chuches de goma y rotulador azul comestible.

Cómo hacerlo:

Derrite unas cuantas pastillas de chocolate. Baña el extremo de los palitos y clava las bolas de masa. Recorta las chuches en triángulos pequeños y clávalos como si fueran las orejas. Deja congelar una hora.

Derrite el resto de las pastillas de chocolate en dos cuencos distintos para cada color y sumerge cada cake pop en uno de ellos. Ponlos a secar en el molde con agujeritos. Amasa el fondant blanco en pequeñas bolitas, aplástalas y pégalas sobre el chocolate como ojos. Alisa más fondant blanco y córtalo en triángulos para las orejas. Amasa fondant rojo para la nariz del gato beis y acaba decorando con fideos de fondant como bigotes. Pinta con rotulador los ojos del gato beis.

Barrio Sésamo

Necesitas:

Pastillas de cobertura de chocolate beis, nonpareils rojos, grageas de azúcar blanco, fideos de chocolate naranja y rotulador negro comestible.

Cómo hacerlo:

Derrite unas cuantas pastillas de chocolate. Baña el extremo de los palitos y clava las bolas de masa. Deja congelar una hora.

Derrite el resto de las pastillas de chocolate y sumerge los cake pops, bañándolos por completo. Pon los fideos de chocolate naranja en la parte superior, como si fueran el cabello del muñeco. Coloca las grageas blancas en el lugar de los ojos y pinta las pupilas con el rotulador negro comestible.

Coloca un *nonpareil* rojo como nariz. Deja secar los cake pops en el soporte.

Perros sabuesos

Necesitas:

Pastillas de cobertura de chocolate, nonpareils blancos y negros, nubes, sprinkles redondos blancos, grageas de chocolate y masa fondant roja.

Cómo hacerlo:

Derrite unas cuantas pastillas de chocolate. Baña el extremo de los palitos y clava las bolas de masa. Pega con un poco de chocolate dos grageas en cada cake pop para crear el hocico. Recorta trozos de nube para formar las orejas y pégalas también con chocolate a los cake pops. Deja congelar una hora.

Derrite el resto de las pastillas de chocolate y sumerge los cake pops bañándolos por completo. Amasa trocitos de fondant rojo para hacer la nariz y la lengua. Coloca los *sprinkles* redondos blancos como ojos y acaba con los *nonpareils:* negros para las pupilas y blancos para decorar las caritas de los perros.

Pavo real

Necesitas:

Pastillas de cobertura de chocolate, palitos salados, nonpareils negros y masa fondant amarilla, naranja, blanca, negra y roja.

Cómo hacerlo:

Derrite unas cuantas pastillas de chocolate. Baña una punta de los palitos y clava las bolas de masa. Recorta trozos de nube y pégalos con chocolate, para dar forma a la cara. Corta trocitos de palitos salados y clávalos en la base de los cake pops. Deja congelar una hora.

Derrite el resto de las pastillas de chocolate y baña los cake pops. Amasa «lágrimas» de fondant rojo y bolitas de fondant amarillo para la cara. Haz bolitas de fondant blanco para los ojos y coloca encima *nonpareils* negros. Para crear las colas, amasa tiras de fondant amarillo y naranja y únelas como si fueran plastilina. Pégalas en forma de arco en el cake pop con el chocolate sin secar.

Carroza de Cenicienta

Necesitas:

Pastillas de cobertura de chocolate naranja,
masa fondant verde y cobertura de chocolate.

Cómo hacerlo:

Derrite unas cuantas pastillas de chocolate naranja. Baña
el extremo de los palitos y clava las bolas de masa. Deja
congelar una hora.

Marca con un cuchillo de plástico las bolas como si fueran
gajos de naranja. Derrite el resto de las pastillas de
chocolate naranja y sumerge los cake pops, bañándolos
por completo. Deja secar.

Amasa el fondant verde en forma de churritos muy finos y
decora la parte superior de los cake pops para simular las
hojas de la calabaza. Derrite la cobertura de chocolate
en el microondas y pon un poco encima de cada cake
pop.

Brujas de Halloween

Necesitas:

Pastillas de cobertura de chocolate verde claro, masa fondant negra, naranja y morada.

Cómo hacerlo:

Derrite unas cuantas pastillas de chocolate verde. Baña el extremo de los palitos y clava las bolas de masa. Deja congelar una hora.

Derrite el resto de las pastillas de chocolate y sumerge los cake pops. Amasa fondant naranja con un rodillo formando fideos muy finos y pégalos con un poco de chocolate en el cake pop para crear el pelo. Alisa un poco de fondant negro y crea círculos aplastados (puedes utilizar un anillo como molde). Amasa otros trozos de fondant negro en forma de conos y pégalos a la base del sombrero con un poco de agua. Decora con masa fondant morada y naranja el sombrero y crea ojos y boca con bolitas de fondant negro.

Momias egipcias

Necesitas:

Pastillas de cobertura de chocolate blanco, nonpareils negros, cobertura de chocolate blanco.

Cómo hacerlo:

Derrite unas cuantas pastillas de chocolate. Baña el extremo de los palitos y clava las bolas de masa. Deja congelar una hora.

Derrite el resto de las pastillas de chocolate y sumerge los cake pops, bañándolos por completo. Deja secar unos minutos, mientras derrites la cobertura de chocolate blanco. Coge un cake pop con una mano y dale vueltas mientras tiras la cobertura de chocolate por encima, para crear los hilillos.

Termina colocando dos *nonpareils* negros en cada cake pop para hacer los ojos.

Pelotas de golf

Necesitas:

Pastillas de cobertura de chocolate blanco, azúcar glas, agua, masa fondant blanca, roja, amarilla y naranja.

Cómo hacerlo:

Derrite unas cuantas pastillas de chocolate. Baña el extremo de los palitos y clava las bolas de masa. Deja congelar una hora.

Mezcla azúcar glas y agua templada a partes iguales y sumerge los cake pops en este almíbar. Alisa la masa fondant blanca con un rodillo, coloca el cake pop boca abajo en el centro y envuelve la masa con el fondant, recortando los sobrantes. Con el extremo de madera de un pincel, marca los agujeritos en el cake pop.

Amasa el fondant de color en forma de churro y colócalo en el palo de cada cake pop, estirando hacia abajo y modelando para crear el soporte de las pelotas.

El conde Drácula

Necesitas:

Pastillas de cobertura de chocolate blanco,
masa fondant blanca y cobertura de chocolate negro.

Cómo hacerlo:

Derrite unas cuantas pastillas de chocolate blanco. Baña el extremo de los palitos y clava las bolas de masa. Deja congelar una hora.

Derrite el resto de las pastillas de chocolate y sumerge los cake pops, bañándolos por completo. Mientras se secan un poco, pon a fundir la cobertura de chocolate negro. Con un «biberón» o con una manga pastelera de boquilla fina, cubre la parte superior de los cake pops, dejando caer unas gotas a los lados y hacia el centro, para formar el pelo. Dibuja también con este chocolate la boca y los ojos.

Amasa fondant blanco para crear los colmillos y pégalos al cake pop.

Cupcakes

Necesitas:

Pastillas de cobertura de chocolate negro, rosa y blanco, grageas de chocolate rojas, azúcar granulado rosa y nonpareils blancos.

Cómo hacerlo:

Derrite unas cuantas pastillas de chocolate negro. Corta con un cuchillo la base de las bolas de masa para que queden rectas. Baña el extremo de los palitos y clava las bolas. Deja congelar una hora.

Derrite el resto de las pastillas de chocolate negro y sumerge los cake pops, bañándolos por completo. Deja secar un poco. Derrite las pastillas de chocolate blanco y moja algunos cake pops solo hasta la mitad, escurriendo bien antes de darles la vuelta para secar en el soporte. Haz lo mismo con el chocolate rosa en otros cake pops.

Decora con las grageas rojas, el azúcar granulado y los *nonpareils* blancos.

Catwoman

Necesitas:

Pastillas de chocolate de color negro,
nubes, masa fondant beis y roja,
y rotulador negro comestible.

Cómo hacerlo:

Derrite unas pocas pastillas de chocolate en el microondas.
Moja los palitos y clava las bolas de masa. Deja congelar
una hora.

Derrite unas cuantas pastillas más de chocolate. Pega con
este chocolate los trocitos de nube a ambos lados de la
cabeza, como si fueran las orejas. Congela media hora.

Derrite el resto de las pastillas de chocolate en el
microondas. Baña los cake pops y deja secar en el soporte.
Alisa un poco de fondant beis y corta los ojos con un cuchillo
de plástico. Píntalos con el rotulador y pégalos a los cake
pops. Forma bolitas de fondant rojo para la nariz y marca
los bigotes sobre el chocolate con un cuchillo.

Señor Conejo

Necesitas:

Pastillas de chocolate de color blanco,
masa fondant blanca, negra y rosa, una cartulina.

Cómo hacerlo:

Derrite unas pocas pastillas de chocolate blanco en el microondas. Moja los palitos y clava las bolas de masa. Pon a congelar una hora.

Derrite el resto de las pastillas de chocolate. Baña los cake pops y deja secar en el soporte. En una cartulina, dibuja orejas en dos tamaños. Alisa masa fondant blanca con un rodillo y corta con el patrón de cartulina las orejas blancas. Haz lo mismo con la masa fondant rosa utilizando el patrón de las orejas pequeñas. Pega las rosas sobre las blancas con un poco de agua y engánchalas al cake pop. Forma bolitas de fondant rosa para la nariz y amasa en fondant negro los ojos y los bigotes del señor conejo.

Invasión de arañas

Necesitas:

Pastillas de chocolate de color negro, sprinkles redondos blancos y negros, azúcar granulado negro y regaliz negro blando.

Cómo hacerlo:

Derrite unas cuantas pastillas de chocolate en el microondas. Moja los palitos y clava las bolas de masa. Deja congelar una hora.

Derrite el resto de las pastillas de chocolate en el microondas. Baña los cake pops, sacude el exceso con cuidado y sumérgelos en el azúcar granulado. Clava a ambos lados del cake pop trozos de regaliz, dando forma a las patas (¡el cake pop debe estar boca abajo!).

Termina creando los ojos con los círculos de azúcar blancos y negros.

Frutos del bosque

Necesitas:

Pastillas de chocolate de color rojo,
masa fondant verde y roja, una cartulina.

Cómo hacerlo:

Derrite unas cuantas pastillas de chocolate en el microondas. Moja los palitos y clava las bolas de masa. Deja congelar una hora.

Derrite el resto de las pastillas de chocolate en el microondas. Baña los cake pops y deja secar en el soporte.

Dibuja una hoja en un trozo de cartulina. Alisa un poco de fondant verde y utiliza el patrón de cartulina para cortar las hojas con un cuchillo de plástico. Colócalas sobre el cake pop cubierto de chocolate rojo.

Forma unas cuantas bolitas con el fondant rojo y pégalas sobre las hojas, mojándolas con un poco de agua.

Flores de primavera

Necesitas:

Pastillas de chocolate de color verde,
masa fondant blanca y amarilla, una cartulina.

Cómo hacerlo:

Derrite unas pocas pastillas de chocolate en el microondas.
Moja los palitos y clava las bolas de masa. Deja congelar
una hora. Derrite el resto de las pastillas de chocolate en el
microondas. Baña los cake pops y deja secar en el soporte.

Alisa el fondant blanco y, utilizando de patrón una cartulina
cortada en forma de flor, corta con un cuchillo unas cuantas
flores. Pégalas en unos cuantos cake pops, colocando
en el centro de cada flor una bolita de fondant amarillo,
ligeramente mojada.

Para las flores grandes, amasa fondant blanco, corta un
círculo y crea la flor marcando los pétalos con un cuchillo de
plástico. Coloca en el centro una bola de fondant amarillo.

Calabazas de miedo

Necesitas:

Pastillas de chocolate de color naranja, azúcar glas, agua, masa fondant negra, gominolas verdes.

Cómo hacerlo:

Derrite unas cuantas pastillas de chocolate en el microondas. Moja los palitos y clava las bolas de masa. Deja congelar una hora.

Derrite el resto de las pastillas de chocolate en el microondas. Baña los cake pops y deja secar en el soporte. Prepara un almíbar con azúcar glas y agua templada a partes iguales. Moja el extremo de las gominolas verdes en esta mezcla y pégalas en la parte superior de los cake pops. Alisa el fondant negro con un rodillo o un vaso hasta que quede muy fino y recorta triángulos para los ojos y la nariz. Corta tambien en fondant negro las bocas, inventando formas geométricas desiguales.

Recetas de cake pops